La Chaîne Météore

Copyleft 2026 : Simon « Gee » Giraudot
La Chaîne Météore est placé sous
Licence Creative Commons BY SA
Voir : https://creativecommons.org/licenses/by-sa/2.0/fr/

ISBN : 978-2-493727-24-4
Prix (France) : 14,95 €
Dépôt légal : mars 2026
Photo 4e de couverture : Gee (CC BY SA)
Mise en page avec LaTeX

https://ptilouk.net/

Gee

Publié sous licence CC BY SA

Du même auteur :

Grise Bouille, 10 ans de blog *(2025)* — Recueil de bandes dessinées mêlant humour, vulgarisation scientifique et satire politique.

Sortilèges & Syndicats *(2023)* — Roman de luttes sociales dans un monde heroic fantasy, publié par PVH Éditions.

Superfluous Returnz Artbook *(2023)* — Livre d'art accompagnant le jeu vidéo Superflu Riteurnz.

Le Guide du connard professionnel *(2022)* — BD satirique scénarisée par Pouhiou, racontant la malveillance comme source de profit.

Une Auberge dans la tempête *(2022)* — Roman de suspense et d'humour racontant les péripéties d'une randonneuse réfugiée dans une étrange auberge en pleine tempête.

Les aventures inutiles de Superflu *(2021)* — Bande dessinée humoristique en couleurs, racontant les aventures d'un superhéros qui ne sert à rien.

Apérocalypse (roman inachevé) *(2020)* — Roman inachevé racontant la vie d'un petit lotissement péri-urbain alors que la civilisation industrielle occidentale s'effondre.

GKND, l'intégrale *(2019)* — Bande dessinée humoristique « geek » racontant les péripéties de trois étudiants passionnés de sciences et d'informatique.

L'Enfant sans bouche *(2016)* — Recueil de nouvelles diverses, de la science-fiction à la fantasy en passant par l'humoristique et l'horrifique.

Jean-Cro & Magnon

Pudeurs de léopard

Le fruit défendu

Égalité des slips

Le bandeau de la discorde

Questionnement éthique

Plan bouffe

L'hurluberlu

Intermède documentaire

Héritage

Rapport de force

Le substitut alimentaire

Home, sweet home

Les nuisibles

Vidéosurveillance

Curieux herbivore

Di bufala

Nature morte

Le vélociraptor

Un froid de vegavis

À chaque jour suffit sa laine

Trompe sur la marchandise

Dégustation gratuite

Problème de voisinage

Le verre de l'amitié

Perdu dans la traduction

La revanche de l'hurluberlu

Réunion de copro

ACAB

Intermède musical

Journalisme total

* Ancêtre du micro-trottoir.

La valeur travail

Prolétarisation

Nature morte (et enterrée)

La cigale n'est pas celle qu'on croit

Me voilà fort dépourvu,
La bise étant venue !
Je m'en vais crier famine
Chez le proprio, je radine !

Pourriez-vous me prêter
Quelques courges pour subsister
Jusqu'aux prochaines chaleurs ?

Je vous paierai, cher bailleur,
Rapidement, foi de raptor,
Intérêts et plus encore.

Je ne suis pas prêteur,
C'est là mon moindre défaut.
Que faisiez-vous au temps chaud,
Sale petit emprunteur ?

Nuit et jour à tout venant,
Je bossais pour votre rente...

Vous bossiez ? Cela m'enchante.
Eh bien ! Crevez maintenant.

Mission : pas facile

Droit de retrait

Cenozoic Park

Endettement

Les découvreurs

La porte

Fais un vœu !

Solstice

Épilogue

www.ingramcontent.com/pod-product-compliance
Lightning Source LLC
Chambersburg PA
CBHW040331220526
45473CB00009B/2642